1

Papa Francisco

Barbara Kramer

NATIONAL
GEOGRAPHIC

Washington, D.C.

Para mi mamá, quien me animó a escribir – B. K.

Publicado por National Geographic Society, Washington, D.C. 20036

Libro en rústica comercial: 978-1-4263-2480-2
Encuadernación de biblioteca reforzada: 978-1-4263-2481-9

Editor: Shelby Alinsky
Traductor: Alyson Nuñez
Director de Arte: Callie Broaddus
Editorial: Snapdragon Books
Diseñador: YAY! Design
Editor de Fotografía: Lori Epstein
Autorizaciones: Michael Cassady y Mari Robinson
Gerente de Fabricación: Rachel Faulise
Asistente de Producción: Sanjida Rashid

El autor y editorial reconocen y agradecen la revisión experta del contenido de este libro hecha por Jean-Pierre Isbouts, D.Litt., académico y profesor de humanidades en Fielding Graduate University, y la revisión literaria del libro hecha por Mariam Jean Dreher, profesora de educación en lectura, University of Maryland, College Park.

Créditos Fotográficos

CO: Corbis; GI: Getty Images

Cover, WENN US/Alamy; (background), WDG Photo/Shutterstock; 1, 3, 4, 5, Dave Yoder/National Geographic Society; 6, age fotostock/Alamy; 7, NG Maps; 8 (UP), Filippo Fiorini/Demotix/CO; 8 (LO), ANSA/ANS/CO; 9 (UP and LO), Filippo Fiorini/Demotix/CO; 10, Jesuit General Curi/GI; 11, Piko Press/Splash New/CO; 12 (UP), API/GAMMA/Gamma-Rapho/GI; 12 (LO), Alessandro Bianchi/Reuters; 13, Tarker/CO; 14 (UP), GDA/AP Images; 14 (LO), Yara Nardi/Reuters; 15 (UP), epa/Rolling Stone/Handout/Alamy; 15 (CTR), NG Maps; 15 (LO), Stefano Rellandini/Reuters/CO; 16, El Salvador School/AP Images; 17, El Salvador School/AP Images; 18, Handout/Reuters; 19 (UP), AP Images; 19 (LO), Douglas Engle/CO; 20 (UP), Jules_Kitano/Shutterstock; 20 (CTR), Franco Origlia/GI; 20 (LO), Alejandro Pagni/AFP/GI; 21 (UP), L'Osservatore Romano/AP Images; 21 (CTR UP), Olivier Morin/AFP/GI; 21 (CTR LO and LO), catwalker/Shutterstock; 22, Enrique Marcarian/Reuters; 23 (UP), Pablo Leguizamon/AP Images; 23 (LO), Dave Yoder/National Geographic Society; 24, Buenos Aires Archbishop Office/AP Images; 25, Kay Nietfeld/dpa/CO; 26, Macdiarmid/GI; 27 (INSET), Dave Yoder/National Geographic Society; 27, Osservatore Romano/AFP/GI; 28–29, Dave Yoder/National Geographic Society; 30 (LE), Juan Mabromata/AFP/GI; 30 (RT), Spencer Plat/GI; 31 (UP LE), Grupo44/LatinContent/GI; 31 (UP RT), Alejandro Pagni/AFP/GI; 31 (LO LE), Piko Press/Splash News/CO; 31 (LO RT), franck-reporter/iStockphoto; 32 (UP LE), AP Images; 32 (UP RT), Alessandra Benedetti/CO; 32 (LO LE), El Salvador School/AP Images; 32 (LO RT), Piko Press/Splash News/CO; top border of pages (throughout), Nataleana/Shutterstock; vocabulary box art, andromina/Shutterstock

Tabla de contenidos

¿Quién es el Papa Francisco?

El Papa Francisco es el líder de la Iglesia Católica Romana. Vive en la Ciudad del Vaticano en Roma. Esa ciudad es la casa de la Iglesia Católica. Hemos tenido muchos papas, o líderes de la iglesia, a través de los años. El Papa Francisco fue elegido papa en 2013.

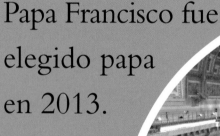

Adentro de la Catedral de San Pedro en la Ciudad del Vaticano

Gente de todo el mundo admira al Papa Francisco.

El futuro papa

Francisco fue el nombre que él eligió cuando se convirtió en papa. Hasta ese momento, su nombre era Jorge Mario Bergoglio.

Buenos Aires, Argentina

Bergoglio nació el 17 de diciembre de 1936. Creció en Buenos Aires. Esa es la capital de Argentina.

Bergoglio fue el mayor de cinco hijos. Cuando era niño, jugaba al fútbol y baloncesto con sus amigos. También le gustaba leer.

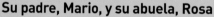

Su padre, Mario, y su abuela, Rosa

Su Abuela Rosa le enseñó a rezar. Iba a la iglesia con su familia los domingos.

La escuela primaria de Bergoglio,
Pedro Cervio, en Buenos Aires

Su clase de la escuela primaria en 1943.
Bergoglio está abajo a la derecha.

Eligiendo un camino

Bergoglio cuando era joven

A Bergoglio le gustaba aprender sobre la fe y la iglesia. Tenía 17 años cuando pensó por primera vez en ser cura. Quería ayudar a la gente a aprender más sobre la iglesia.

Cuando tenía 19 años, entró al seminario. Allí estudiaba para ser cura.

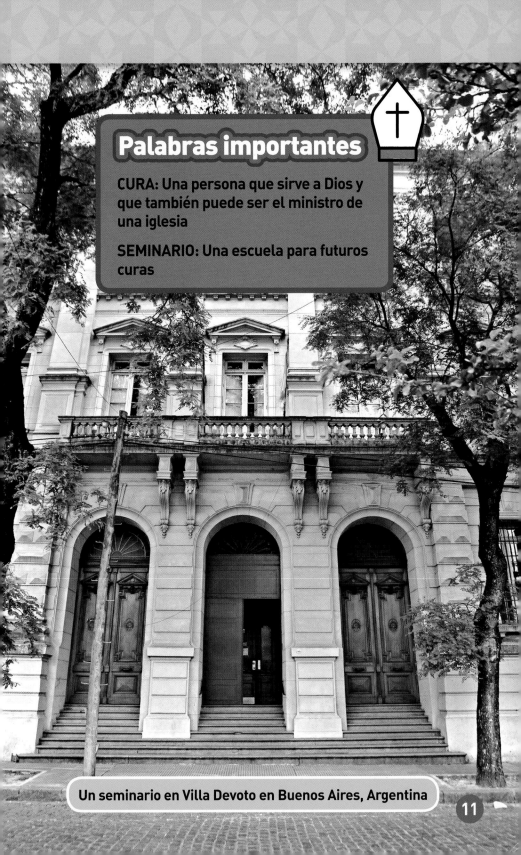

Palabras importantes

CURA: Una persona que sirve a Dios y que también puede ser el ministro de una iglesia

SEMINARIO: Una escuela para futuros curas

Un seminario en Villa Devoto en Buenos Aires, Argentina

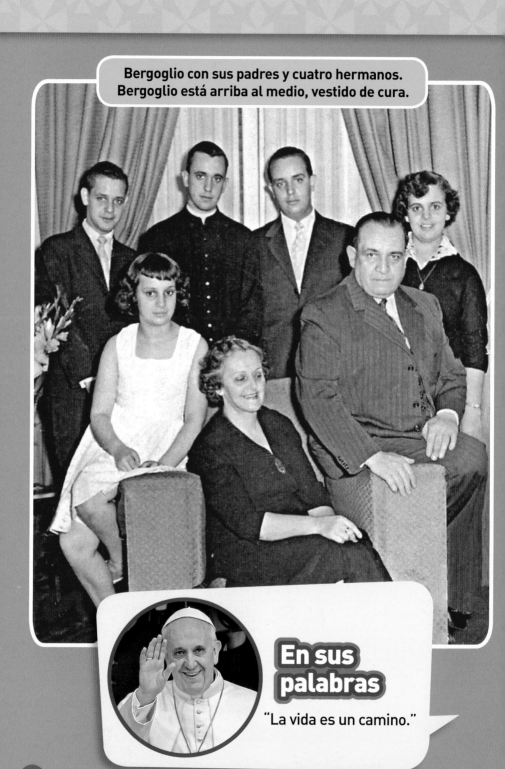

Bergoglio con sus padres y cuatro hermanos. Bergoglio está arriba al medio, vestido de cura.

En sus palabras

"La vida es un camino."

San Ignacio de Loyola fundó la Compañía de Jesús en 1540. Él quería ayudar a los pobres y dar a los otros.

Bergoglio quería ser parte de un grupo especial de curas. Ese grupo se llama la Compañía de Jesús. Sus miembros son Jesuitas. En 1958, Bergoglio se unió a esta Compañía.

Francisco, un papa pionero

El Papa Francisco fue el primero en hacer muchas cosas. ¿Sabías de estos "primeros"?

Es el primer papa del grupo de curas llamados Jesuitas.

Es el primer papa que saca "selfies."

Es el primer papa que aparece en la portada de la revista *Rolling Stone*. Normalmente, estrellas de la música y las películas están en la portada.

AMÉRICA DEL NORTE

Océano Altántico

Océano Pacífico

Es el primer papa de las Américas.

AMÉRICA DEL SUR

Argentina

Es el primer papa que elige el nombre Francisco.

Ayudando a los otros

En sus palabras

"Ayúdense siempre unos a otros."

Bergoglio tenía 33 años cuando empezó a ser cura.

Los Jesuitas creen en ayudar a los pobres. No gastan mucho dinero en ellos mismos. Tienen una vida simple y comparten con los demás. Eso es lo que Bergoglio quería hacer.

Él estudió por muchos años. También trabajó como profesor. En 1969, se convirtió en cura.

Esta foto del año 1973 es de Bergoglio (a la izquierda) como cura.

Bergoglio se convirtió en un líder de la iglesia. En 1992, llegó a ser un obispo en Buenos Aires. Su trabajo era ayudar a los curas de la ciudad. Seis años después, Bergoglio fue nombrado arzobispo. Eso significa que estaba encargado de una zona más grande.

Palabras importantes

ARZOBISPO: Un líder encargado de muchas iglesias de una zona

Bergoglio celebra una misa, o servicio religioso, en Argentina en 2000.

Bergoglio trabajaba mucho para ayudar a la gente de las zonas más pobres de Buenos Aires.

6 Datos interesantes del Papa Francisco

1 Los padres del Papa Francisco se mudaron a Argentina desde Italia.

Bergoglio cocina muy bien. Le enseñó su mamá.

2

Bergoglio es un fanático del fútbol. Su equipo favorito es San Lorenzo de Buenos Aires.

3

Cuando cumplió 77 años, el Papa Francisco invitó a un grupo de hombres sin hogar y un perro a desayunar con él.

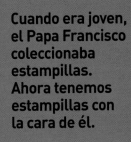

El Papa Francisco se levanta temprano para rezar dos horas antes de empezar su día.

Cuando era joven, el Papa Francisco coleccionaba estampillas. Ahora tenemos estampillas con la cara de él.

Brasil 2013 R$1,80

JMJ RIO2013

Fernando Lopes

...do Papa Francisco ao Brasil

CITTÀ DEL VATICANO

ANNO I S.P. MMXIII

FRANCISCVS PP.

Uno del pueblo

Cuando Bergoglio se convirtió en arzobispo, había una casa grande con sirvientes donde él podía vivir. Bergoglio dijo que era demasiado elegante. Él se mudó a un departamento pequeño.

Antes, Bergoglio celebraba Misa en esta iglesia en un barrio pobre de Buenos Aires. En esta foto, están festejando el día que Bergoglio fue nombrado papa.

Bergoglio viajando en metro en 2008

En sus palabras

"Mi pueblo es pobre y yo soy uno de ellos."

Tampoco quería usar un auto especial con su propio chofer. Usaba el autobús o el metro.

El Papa Juan Pablo II y Bergoglio el día que Bergoglio se convirtió en cardenal

En 2001, Bergoglio fue nombrado Cardenal por el Papa Juan Pablo II. Los cardenales son líderes de la iglesia que ayudan al papa.

Palabras importantes

CARDENAL: Un líder importante en la Iglesia Católica Romana. Un Cardenal trabaja bajo el papa.

El Papa Benedicto XVI se convirtió en papa en 2005. Ocho años después, él dijo que no podía seguir siendo papa. Estaba envejeciendo y ya no tenía mucha fuerza.

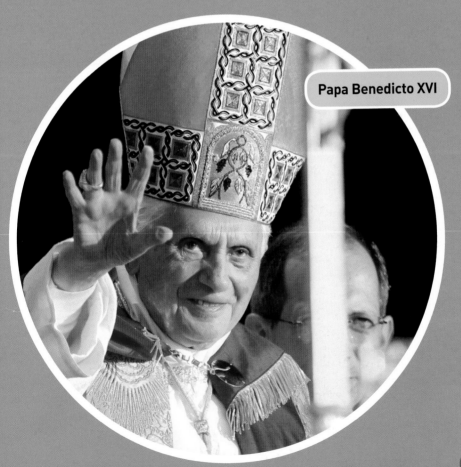

Papa Benedicto XVI

Un nuevo papa

En marzo 2013, muchos cardenales se juntaron en la Ciudad del Vaticano. Bergoglio fue uno de ellos. Los cardenales iban a elegir uno entre ellos para ser el nuevo papa.

Pasaron dos días hablando de quien podía ser. Finalmente, eligieron a Bergoglio. Él escogió el nombre Papa Francisco.

En sus palabras

"Y ahora comenzamos este camino ... de fraternidad, de amor y de confianza entre nosotros."

El Papa Francisco vive una vida simple. Es lo que siempre hizo. Ayuda a los pobres y a todas las personas que tienen vidas difíciles. También le gusta conocer a las personas que lo siguen. A la gente le gusta eso. Algunos lo llaman "el papa del pueblo."

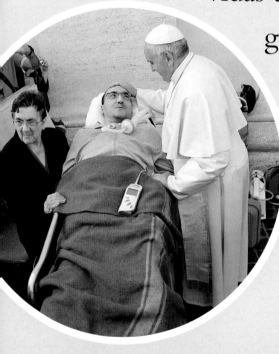

1936
Nace el 17 de diciembre

1955
Empieza sus estudios en el seminario

1969
Se convierte en cura

1998

Es nombrado
Arzobispo de
Buenos Aires

2001

Se convierte
en cardenal

2013

Es elegido
papa

¿Qué son estos?

Estas imágenes muestran cosas en la vida del Papa Francisco. Usa las pistas para descubrir que representa cada imagen. Las respuestas se encuentran en la página 31.

1

PISTA: Un juego que al Papa Francisco le encanta ver

2

PISTA: El Papa Francisco coleccionaba éstas cuando era niño.

Cuadro de palabras

la iglesia   un selfie   las estampillas
el seminario   el metro   el fútbol

3

PISTA: El Papa Francisco iba a este lugar con su familia los domingos.

4

PISTA: El Papa Francisco viajaba en esto en Buenos Aires.

5

PISTA: El Papa Francisco estudiaba aquí para ser cura.

6

PISTA: El Papa Francisco es el primer papa en sacar uno de estos.

ARZOBISPO: Un líder encargado de muchas iglesias de una zona

CARDENAL: Un líder importante en la Iglesia Católica Romana. Un Cardenal trabaja bajo el papa.

CURA: Una persona que sirve a Dios y que también puede ser el ministro de una iglesia

SEMINARIO: Una escuela para futuros curas